Anita Scheiner

# SCHNIPP SCHNAPP WIR BASTELN!

## Mit Klorollen, Kartons & Co

# INHALT

# BASTELSPASS PUR

Es macht Kindern immer wieder viel Freude, kreativ tätig zu sein: Sie schneiden (oder prickeln), kleben, malen und drucken gerne und probieren Neues aus. In diesem Buch stelle ich Ihnen verschiedene Ideen für einfache Spiel- und Verkleidungssachen oder hübsche Dekorationen fürs Kinderzimmer vor. Besonders Alltagsmaterialien wie Papier, Papprollen, Schachteln und Eierkartons lassen sich prima für verschiedene Motive einsetzen: Aus Pappschachteln entstehen lustige Monster, ein Laster oder ein kleines Parkhaus. Papprollen eignen sich sehr gut, um fantasievolle Figuren oder Mini-Tassen und -kännchen für ein Puppenservice zu basteln. Und aus den Einzelteilen eines Eierkartons können Kinder ganz leicht niedliche Waldtiere oder einen Fotoapparat anfertigen.

Vielleicht haben Sie nicht immer alle Materialien gerade zur Hand, oder Ihr Material sieht etwas anders aus – kein Problem! Die im Buch vorgestellten Modelle dienen als Anregung, um eigene Ideen zu entwickeln.

Ich wünsche Ihnen viel Spaß beim Basteln und Ausprobieren

*Anita Pelinec*

# MATERIAL & TECHNIK

### PAPPROLLEN UND -SCHACHTELN

Für alle Modelle ist Pappe und Karton das Grundmaterial. Es gibt unterschiedlich große Papprollen (Pappröhren): Toilettenpapierrollen, Küchenpapierrollen, Klebebandrollen oder Papprollen, in denen Chips verpackt waren. Auch bei den Pappschachteln findest du kleine und große Exemplare: von der Streichholzschachtel bis zum Schuhkarton. Größere Schachteln und Kartons kannst du auch wunderbar als Aufbewahrungsbox für deine Materialien verwenden.

### EIERKARTONS

Eierkartons (Eierschachteln) gibt es in sehr unterschiedlichen Farben: grau, gelb, grün, braun und blau. In einem Eierkarton findest du Ausbuchtungen (Kegel) und Vertiefungen (Schalen). Wenn du verschiedene Kartons gesammelt hast, fällt dir bestimmt auf, wie unterschiedlich spitz die Kegel sind; zudem sind manche länger und manche kürzer. Manche Schalen sind fast rund, manche viereckig.

### PAPIER UND PAPPKARTON

Für einige Bastelprojekte brauchst du bunt bedrucktes **Papier**. Du kannst es kaufen oder bereits gebrauchtes Papier wiederverwenden, z. B. Seiten aus Zeitschriften und Magazinen oder Geschenkpapier. **Pappkarton** aus großen Verpackungskisten ist dicker als Fotokarton und sehr stabil.

## WEITERE MATERIALIEN

Mit (Muffin-)Papierspitze, Papierhalmen, Chenilledraht, Baumwollband, Dekotape und Muffin-Papierförmchen kannst du deine Modelle weiter ausgestalten. Auch farbige Perlen, Pailletten, Federn, Wattekugeln, Kronkorken, Knöpfe und Pompons sind ideal, um Modelle zu verzieren.

## KLEBSTOFF

Für die Bastelarbeiten benötigst du folgende Klebstoffe:
- Klebestift: um Papier auf Papier zu kleben
- Bastelklebstoff (flüssig): um stabilen Karton zu befestigen
- Holzleim: um dicke Kartonteile anzubringen
- Klebepistole: um Teile zu verbinden, die nicht für die ganze Zeit des Aushärtens festgehalten werden können. Da der Klebstoff sofort hart wird, müssen die Teile schnell zusammengefügt werden. Achtung: Nur unter der Aufsicht eines Erwachsenen verwenden.

## TIPP

Vor dem Kleben immer die Anordnung der einzelnen Teile ausprobieren und diese dann zusammenfügen.

## HILFSMITTEL

- Bleistift, Lineal, weicher Radiergummi
- Transparentpapier und dünnen Karton für Schablonen
- Bastelschere (Kinder) sowie spitze Schere und Cutter mit Unterlage (Erwachsene)
- Prickelnadel, Holzspieß

- Wäscheklammern oder Clips, um Klebestellen zusammenzuhalten
- Pinsel in verschiedenen Größen
- Filzstifte in Rot und Schwarz

## VORLAGEN ÜBERTRAGEN

Die Umrisse des ausgewählten Motivs auf Transparentpapier pausen, die Zeichnung mit einem Klebestift auf dünnen Karton kleben und ausschneiden. Diese Schablone auf das Werkmaterial (Papier oder Karton) legen und die Umrisse mit Blei- oder Filzstift nachzeichnen.

## SCHACHTELN BEKLEBEN

Stelle die Schachtel mittig auf die Rückseite des ausgewählten Papiers und umfahre sie mit einem Bleistift. Kippe die Schachtel auf eine Seite direkt an der anliegenden Kante. So erhältst du die Höhe der einzelnen Seiten. Zeichne alle Seiten auf das Papier an die jeweilige Kante; so entsteht ein Kreuz. Schneide das Papier an der Linie aus. Bestreiche das Papier mit Klebstoff und stelle den Schachtelboden darauf; klappe die Seiten hoch und drücke sie fest.

## PAPPROLLEN BEKLEBEN

Für manche Bastelarbeiten werden die Rollen mit Papier beklebt. Schneide hierfür Papier, 10 x 15 cm (oder Teilstücke), zu. Bestreiche die Kanten sorgfältig mit einem Klebestift. Lege dir vorher eine Unterlage auf den Tisch, damit die Oberfläche nicht klebrig wird. Lege zwei Ecken auf die Rolle, drücke sie an und streiche langsam den Rest um die Rolle herum, bis sich die Enden überlappen. Das Papierstück ist größer als die Rolle. So kann beim Kleben nichts verrutschen. Schneide die überstehenden Kanten ab oder klappe sie nach innen um.

## PRICKELN

Das Prickeln ist die Vorstufe zum Schneiden und besonders für jüngere Kinder geeignet. Mit einer Prickelnadel können Formen und Motive ausgestochen, aber auch Innenausschnitte durchgeführt werden. Dazu zeichnest du das Motiv oder die Form (z. B. eine Linie) auf Papier vor, legst eine Filzunterlage unter und stichst mit der Prickelnadel ganz viele kleine Löcher nebeneinander ein. Dann kannst du die Form herauslösen.

## PAPPROLLEN BEMALEN

Streiche mit einem großen Pinsel Farbe auf die Rolle. Halte dabei die Rolle an der unteren Kante fest und male den oberen Bereich an. Lass die Farbe gut trocknen. Drehe anschließend die Rolle um und bemale nun die andere Seite.

## INNENAUSSCHNITTE ANFERTIGEN

Möchtest du aus der Mitte eines Kartons etwas ausschneiden, zeichnest du die Form (z. B. Kreis oder Rechteck) mit einem Bleistift auf die Pappe auf und stichst mit einer spitzen Schere in die Mitte dieser Form. Stecke die Schere in diese kleine Öffnung und schneide von der Mitte zum Rand hin und dann entlang der eingezeichneten Linie.

## DRUCKEN

Gleichmäßig große Kreise (Augen) zu malen, ist gar nicht so leicht. Du kannst hier einen einfachen Trick anwenden: Suche dir Dinge, die eine runde, flache Seite haben, zum Beispiel die Rückseite von Bleistiften, Holzspießen oder Flaschenkorken. Tauche sie in Farbe ein und bedrucke damit dein Papier.

## KARTON MIT WOLLE UMWICKELN

Bestreiche den Karton (oder nur einen bestimmten Bereich) mit flüssigem Klebstoff. Lege das Ende eines Wollfadens auf den Klebstoff, und zwar quer zur Richtung, in die du wickelst. Führe den Faden an den äußeren Rand. Lege ihn sorgsam um den Rand und drücke ihn ganz leicht fest. Achte darauf, dass deine Finger nicht festkleben. Wieder oben angekommen, wickle eine zweite Runde. Fahre auf diese Weise fort, bis du am Ende angekommen bist. Jetzt kannst du den Faden entweder auslaufen lassen oder wieder ein Stück zurückwickeln. So verschwindet er zwischen den Rundungen.

## WIMPEL/FÄHNCHEN BASTELN

Schneide ein Stück Papier aus, dass doppelt so lang ist, wie der Wimpel später werden soll. Falte es in der Mitte. Stecke eine Kordel (wie bei der Kugelbahn) oder einen Zahnstocher in die Faltlinie, bestreiche das Papier innen mit Klebstoff und drücke die zwei Seiten zusammen. Du kannst die Wimpel rechteckig lassen, zu einem Dreieck zuschneiden oder ein Dreieck aus dem Rechteck herausschneiden.

# VERKLEIDUNGS-IDEEN

# HÜTCHEN

Die Toilettenpapierrollen schneidest du jeweils entlang der diagonal verlaufenden Klebestelle auf. Die entstandenen schrägen Kanten klebst du leicht übereinander, sodass ein Hütchen entsteht, bei dem unten zwei spitze Zipfel überstehen; die Klebestelle fixierst du mit Clips oder Wäscheklammern, bis der Klebstoff getrocknet ist. Die Zipfel schneidest du ab und die Hütchen in Form. Anschließend bemalst du die Hütchen und verzierst sie mit Dekotape, Spitzenborte, Federn oder Wattekugeln.

Zum Schluss stichst du die Löcher für das Hutgummi mit einer (Prickel-)Nadel ein. Nun kannst du die Länge des Gummibandes an deinem Kopf abmessen; achte dabei darauf, dass das Band nicht zu stramm sitzt. Befestige das Band in den Löchern und probiere aus, ob das Hütchen passt.

## MATERIAL

- 3 Toilettenpapierrollen
- Dekotape, gemustert
- 3 Federn
- Wattekugel, Ø 2 cm
- Spitzenborte, selbstklebend
- Gummiband, Ø 2 mm
- Bastelfarben in Rot, Hellgrün, Dunkelgrün

## TIPP

Verknote das Gummiband innen im Hütchen, dann ist der Knoten außen nicht sichtbar.

# KRÖNCHEN

Die Toilettenpapierrollen malst du gelb und rosafarben an und lässt die Farbe gut
trocknen. Im oberen Drittel schneidest du Dreiecke aus, sodass Zacken entstehen.
Eventuell vorher die Dreiecke mit einem Bleistift aufzeichnen, dann geht das Ausschneiden
leichter. Zur Befestigung der Brads stichst du mit einer (Prickel-)Nadel Löcher rechts
und links ein und schiebst die Brads durch. Statt der Brads kannst du auch Perlen aufkleben. Wer mag, kann noch weiße Punkte auf die Krönchen drucken (siehe Seite 9).
Die Gummibänder befestigst du wie bei den Hütchen.

## MATERIAL
- 2 Toilettenpapierrollen
- Bastelfarben in Weiß, Gelb, Rosa, Blau
- Brads oder Perlen
- Gummiband, Ø 2 mm

# MAUSE- & CLOWNSNASEN

Aus dem Eierkarton schneidest du zwei Kegel und eine Schale aus und bemalst sie der Abbildung entsprechend grau, weiß und rot. Die Mausenasen erhalten noch zusätzlich eine schwarze bzw. eine rosafarbene Spitze.

Jeweils drei Zahnstocher (für die Tasthaare einer Mausenase) schwarz bemalen und die Farbe trocknen lassen. Mit einer (Prickel-)Nadel in die vordere Spitze der Kegel jeweils sechs gegenüberliegende Löcher stechen. Dabei sollen die Zahnstocher später unterschiedlich hoch liegen. Die Zahnstocher durch die Löcher stecken.

Am breiten Ende der Kegel und der Schale stichst du jeweils zwei Löcher für das Gummiband ein. Die Länge des Gummibands misst du an deinem Kopf ab, ziehst das Band durch die Löcher und verknotest die Enden.

## TIPP
Welche Tiernasen fallen dir noch ein?
Wie wäre es mit einer Schweineschnauze?

## MATERIAL
- Eierkarton (6er)
- 6 Zahnstocher
- Gummiband, Ø 2 mm
- Bastelfarben in Weiß, Rosa, Rot, Grau, Schwarz

# VOGELMASKE

Schneide zwei zusammenhängende Schalen aus dem Eierkarton aus. Achte darauf, dass ein Kegel zur Hälfte mit ausgeschnitten wird. Daraus entsteht der Schnabel. Schneide in die Mitte der Schalen zwei Gucklöcher. Male die Maske innen und außen bunt an.

Für den Federschmuck stichst du in den hinteren Steg ein Loch. Stecke die Federn hindurch und klebe sie fest. Die gelben Federn befestigst du über den Gucklöchern. Stich rechts und links mit einer (Prickel-)Nadel zwei Löcher in die Seiten. Stecke ein Ende des Gummibandes hinein und verknote es. Wiederhole diesen Schritt auf der anderen Seite.

## MATERIAL
- Eierkarton (6er)
- Bastelfarben in Gelb, Rot, Blau, Grün, Schwarz
- 6 Federn in Gelb, Hell- und Dunkelblau
- Gummiband, Ø 2 mm

# BRILLE

Schneide für die Brille zwei zusammenhängende Schalen aus dem Eierkarton aus. Die in der Mitte sitzende Wand wird zum Nasensteg. Die Schalen schneidest du so zu, dass nur noch ein schmaler (Brillen-)Rahmen übersteht und jeweils in der Mitte ein großer runder Kreis zu sehen ist. Male das fertige Brillengestell schwarz an. Stich mit einer (Prickel-)Nadel rechts und links in die Seite zwei Löcher für die Bügel. Miss die Länge der Bügel ab und schneide den Chenilledraht in dieser Länge plus 2 cm zu. Stecke ein Ende durch ein Loch und wickle es um den Bügel. Forme das andere Bügelende halbrund. Wiederhole diesen Schritt für den zweiten Bügel.

## MATERIAL
- Eierkarton (6er)
- Chenilledraht in Schwarz, Ø 0,7 cm, 30 cm
- Bastelfarbe in Schwarz

# VERKLEIDUNGSKISTE

Beklebe die Seiten der Schachtel mit der Wellpappe. Miss dafür die Höhe der Seite, rechne 5 cm hinzu und schneide eine lange Papierbahn ab. Beklebe die Seiten und verwende Holzleim. Schneide die überstehenden Ränder an den Ecken ein und falte den Rand auf die Schachtelinnenseite.

Miss die Breite und die Höhe des Deckels und des Deckelrandes ab. Schneide ein großes Rechteck mit dem Gesamtmaß zu. Klebe es mittig auf den Deckel, sodass das überstehende Papier die Seitenränder bedeckt. Bestreiche die Deckelseiten mit Klebstoff und falte das überstehende Papier nach unten. Drücke es fest. Die entstehenden Papierecken kannst du entweder abschneiden oder auf die Seite falten und festkleben. Fertige etwa 35 Wimpel nach der Vorlage aus unterschiedlichen Papiersorten an (siehe Seite 9) und verziere damit die Kiste. Die Wimpelkante kannst du mit Dekotape überkleben.

### TIPP
Mit Buchstabenstempel lässt sich die Kiste schön beschriften.

### MATERIAL
- Schuhkarton
- Wellpappe in Gelb
- Geschenkpapier, gemustert
- Papierreste, bunt
- Dekotape, gemustert

Vorlage 1, Seite 74

# KUGELBAHN

Die Kugelbahn besteht aus drei senkrechten Stützen (= große Schachtel und zwei Küchenpapierrollen) und drei schrägen Verbindungsteilen (= drei Küchenpapierrollen). Zuerst schneidest du – der Abbildung entsprechend – die Verbindungsröhren und die Schachteln zu. Dann zeichnest du mit einem Bleistift auf den Stützen runde Ausschnitte an den Stellen auf, an denen die Verbindungsröhren später eingefügt werden sollen. Schneide diese Rundungen aus und setze die Verbindungsröhren Schritt für Schritt ein; die Teile aber noch nicht zusammenkleben. Probiere anschließend mit einer Kugel aus, ob die Übergänge passen, also ob die Kugel von oben nach unten durchläuft. Dabei sollte beim Rollenanfang das Loch komplett geschlossen sein, damit die Kugel nicht durchfällt. Das Rollenende ragt nur leicht über den Rand der Stütze hinaus.

Nun kannst du die Einzelteile bemalen und mit kleinen Punkten bedrucken (siehe Seite 9). Nachdem die Farbe getrocknet ist, kannst du mit Heißkleber die Einzelteile zu einer Kugelbahn zusammenfügen; lass dir dabei von einem Erwachsenen helfen. Fertige nach der Anleitung auf Seite 9 eine Wimpel-Girlande an; die Papierstücke sind etwa 1,5 x 5 cm groß. Die Girlande befestigst du mit Reißzwecken oder Klebstoff an der Kugelbahn.

Für den Vorhang aus Transparentpapier (unterer Bereich der großen Stütze) schneidest du ein paar Transparentpapierstreifen zu und klebst sie, wie auf dem Foto zu sehen, vor die rechteckige Öffnung. Zuletzt bindest du ein kleines Glöckchen an einen Faden und befestigst ihn oben in der schrägen Röhre.

## MATERIAL

- 5 Küchenpapierrollen
- Schachteln, rechteckig:
  - klein (ca. 10 x 2 x 2 cm)
  - groß (ca. 6 x 6 x 35 cm)
- Papierreste (für Wimpel)
- Transparentpapierreste
- Baumwollschnur, ca. 140 cm
- Glöckchen
- dünner Faden
- Wattekugel oder Glaskugel, Ø 2 cm
- Bastelfarben in Gelb, Orange, Türkis
- Reißzwecken

# RAKETE

Schneide nach der Vorlage die Grundform für die Raketenspitze aus Fotokarton und vier Ständer aus fester Pappe aus. Male die Ständer türkisfarben an und lass die Farbe gut trocknen. Die Grundform klebst du so zusammen, dass eine runde Spitze entsteht. Beklebe die Rolle mit dem gestreiften Papier (siehe Seite 8)

Aus dem Pappbecher entsteht das Feuer der Rakete. Male außen Flammen auf und schneide diese Flammen so aus, dass die runde Form des Bechers erhalten bleibt. Bestreiche die Unterkante (Boden) des Feuerbechers und die Steckseiten der Ständer mit Klebstoff und drücke sie an die Unterseite der Rolle. Die Ständer sollten gleichmäßig verteilt sein, damit die Rakete gerade steht.

Befestige nun die Spitze auf der Rakete, indem du die Oberkante der Rolle mit Klebstoff bestreichst. Lass den Klebstoff trocknen. Zum Schluss bringst du die silbernen Elementen einer Pralinenschachtel mit doppelseitigem Klebeband an. Wer mag, kann die Raketenspitze mit Dekotape verzieren.

Für die Fahne schneidest du ein 5 x 8 cm großes Papierrechteck zu und bedruckst es mit kleinen Punkten (siehe Seite 9). Schneide in den Papierhalm zwei gegenüberliegende 5 cm lange Schlitze ein und stecke die Fahne hinein.

## MATERIAL

- Chips-Verpackungsrolle
- Kaffee-Pappbecher
- Pappe
- Fotokarton in Türkis
- Papier mit Streifenmuster
- Papierhalm
- Dekotape in Rot, 5 mm breit
- Plastikinnenteil einer leeren Pralinenschachtel (Silber)
- Bastelfarben in Gelb, Orange, Rot, Türkis

Vorlage 2, Seite 75

# GRUSELMONSTER

Schachteln für Kosmetiktücher haben auf der Oberseite ein größeres Loch, aus dem die Tücher herausgezogen werden. Diese Öffnung wird als Mund gestaltet. Male um die Öffnung einen großen roten Kreis (Lippen). Schneide aus weißem Fotokarton große und kleine Dreiecke (Zähne) aus und klebe sie der Abbildung entsprechend an den Rand des Loches. Anschließend malst du den ganzen Karton grün oder blau an. Vielleicht musst du die Farbe zweimal auftragen, damit nichts mehr von der Verpackung durchschimmert. Lass die Farbe gut trocknen.

Beim blauen Monster siehst du kleine Stacheln an der Seite. Bitte einen Erwachsenen, mit einem Cutter in den blauen Karton seitlich und auf der Rückseite unterschiedlich große Dreiecke zu schneiden. Drücke die Dreiecke nach außen und bemale die Spitzen mit roter Farbe. Das grüne Monster kannst du mit zerknüllten Seidenpapierstücken, 10 x 10 cm, bekleben. Die Wattekugeln kannst du als Augen bemalen und entweder direkt auf die Schachtel kleben oder auf einen Holzspieß setzen und dann in die Schachtel stecken, dabei vorher mit der (Prickel-)Nadel ein Loch vorbohren.

## MATERIAL

- 2 leere Schachteln (Kosmetiktücher)
- 6 Wattekugeln, Ø 3–5 cm
- Fotokartonreste in Weiß
- Seidenpapier in verschiedenen Farben
- Bastelfarben in Orange, Rot, Grün, Blau, Schwarz
- 4 Holzspieße
- Glitzer-Klebestifte

## TIPP

Zum Spielen kannst du hinten die Schachtel öffnen und die Spieße mit den Augen hin und her bewegen.

# BIENENTANZ

Male die Toilettenpapierrollen und Wattekugeln mit einem großen Pinsel gelb an. Stecke die Kugeln dabei auf einen Holzspieß, so kannst du sie besser festhalten. Übertrage die sechseckige Vorlage auf ein Stück Pappe, schneide die Form aus und male sie gelb an. Male die Zahnstocher (Bienenstachel) schwarz an. Lass die Farbe gut trocknen.

Schneide die Rollen mit einer spitzen Schere in fünf gleichgroße Ringe. Zeichne dir dafür am besten mit einem Bleistift die Schnittstellen vor. Drücke die Rolle zusammen, so geht das Schneiden leichter. Klebe die Einzelteile, wie auf dem Foto zu sehen, mit Holzleim so zusammen, dass eine Wabe entsteht. Lass den Klebstoff gut trocknen.

Für die Bienen schneidest du den schwarzen Chenilledraht in etwa 27 cm lange Stücke und wickelst sie jeweils um die gelben Wattekugeln; die Drahtenden formst du zu zwei Fühlern. Klebe die Wackelaugen auf und zeichne mit Filzstiften Mund und Bäckchen auf. Schneide von den Zahnstochern etwa 4 cm ab und befestige sie mit flüssigem Klebstoff als Stacheln in den Löchern der Wattkugeln.

## MATERIAL

- 5 Toilettenpapierrollen
- feste Pappe
- 3 Wattekugeln, Ø 5 cm
- Chenilledraht in Schwarz
- 6 Wackelaugen, Ø 3–5 mm
- 2 Zahnstocher
- Filzstifte in Rot, Schwarz
- Bastelfarben in Gelb, Schwarz

Vorlage 3, Seite 74/75

# BUNTER PFAU

Übertrage die Vorlage (Halbkreis) auf die Pappe und schneide die Form aus. Male den Halbkreis mit einem dicken Pinsel von innen nach außen dunkelgrün und hellgrün an. Die Farben können dabei ineinander verlaufen, sodass ein schöner Farbübergang entsteht. Male alle Toilettenpapierrollen hellgrün an. Lass die Farbe gut trocknen. Schneide nach der Vorlage die Einzelteile für den Kopf und die Federn der Abbildung entsprechend aus Fotokarton und Tonpapier zu.

Für den Körper des Pfaus zerschneidest du die Rollen in jeweils fünf Teile, sodass 50 Pappringe entstehen. Dabei drückst du vorher die Rollen etwas zusammen und markierst dir mit einem Bleistift die einzelnen Streifen. Mit Holzleim (oder ein Erwachsener mit Heißkleber) fügst du dann die einzelnen Rollenelemente strahlenförmig zusammen, am besten hilft dir dabei ein Erwachsener. Dabei beginnst du unten in der Mitte; in die entstehenden Zwischenräume kannst du nach und nach weitere Teile kleben. Achte darauf, dass ein Halbkreis entsteht. Lege zur Kontrolle die Teile immer wieder auf den Papphalbkreis.

## MATERIAL
- 10 Toilettenpapierrollen
- feste Pappe, 40 x 25 cm
- Fotokarton in Hellblau, Dunkelblau
- Tonpapierreste in Rot, Hellgrün
- Bastelfarben in Hellgrün, Dunkelgrün
- Lackstifte in Weiß, Schwarz
- Buntstift in Dunkelblau

Vorlage 4, Seite 76

Setze die Einzelteile für die Federn und den Kopf mit Klebstoff zusammen und schneide oben an den Teilen schmale Streifen ein. Mit Lackstiften zeichnest du die Augen auf, mit einem dunkelblauen Buntstift schraffierst du den Rand des Kopfes. Zum Schluss klebst du den strahlenförmigen Körper auf den Papphalbkreis und befestigst die Federn und den Kopf darauf.

IM WALD

# BLUMEN

## GÄNSEBLÜMCHEN

Schneide von grauen Eierkartonkegeln vier etwa 1,5 cm hohe Spitzen ab. Male sie mit einem feinen Pinsel außen weiß und innen gelb an. Lass die Farbe trocknen. Klebe jeweils einen roten oder einen rosafarbenen Pompon in die Mitte. Schneide aus dem Deckel des Eierkartons einen Stiel mit Blättern in T-Form aus. Am besten zeichnest du dir die Form vor dem Ausschneiden vor. Klebe eine oder zwei Blüten an den Stil. Male die Blätter dunkelgrün an.

### MATERIAL

**Für alle Blumen**
- Eierkartons in Weiß, Grün
- Seidenpapierreste in Gelb, Rot (Tulpe und Glockenblume)
- Zahnstocher
- Pompons in Rosa, Rot, Ø 0,7 cm (Gänseblümchen)
- Bastelfarben in Weiß, Gelb, Rot, Lila, Dunkelgrün

## TULPE

Schneide einen Kegel und ein Schälchen aus grünem Eierkarton aus. Male das Schälchen rot und drei Zahnstocher gelb an; lass die Farbe trocknen. Zerknülle drei gelbe Seidenpapierstücke, 8 x 8 cm, zu einer Kugel und klebe sie auf die Spitze der Zahnstocher. Befestige das rote Schälchen auf der Spitze des Kegels. Stich die Zahnstocher durch die Unterseite der Blüte in den Kegel hinein.

# OSTERGLOCKE

Schneide einen weißen und einen grünen Kegel sowie ein weißes Schälchen zu. Male das Schälchen innen und außen gelb an. Schneide den weißen Kegel so ein, dass vier Blütenblätter entstehen. Klappe die vier Teile nach außen und schiebe das gelbe Schälchen hinein. Klebe die zwei Teile fest; diese Blüte befestigst du dann auf der Spitze des grünen Kegels.

# GLOCKENBLUME

Schneide einen grünen Kegel etwa 3,5 cm unterhalb der Spitze ab. Male ihn innen und außen lilafarben an; an der Spitze malst du anschließend hellgrüne Blätter auf. Zerknülle ein 8 x 8 cm großes rotes Seidenpapierstück zu einer Kugel. Klebe sie in den Kelch. Schneide aus dem Deckel des Eierkartons einen 5 cm langen Stil ab und befestige ihn an der Blume.

## TIPP

Wer' mag, kann auch einen Pilz basteln. Schneide einen Kegel und ein rundes Schälchen aus weißem Eierkarton zu. Male das Schälchen rot an und lass die Farbe trocknen. Drucke mit dem Ende eines Bleistiftes weiße Punkte auf (siehe Seite 9). Klebe das Schälchen auf die Spitze des Kegels.

# BÄUME

Nach der Vorlage schneidest du aus Pappe oder grünem Fotokarton je zwei Baumkronen zu. Die auf der Vorlage markierten Einschnitte sollte am besten ein Erwachsener mit einem Cutter ausführen. Male die Baumteile aus Pappe grün an und lass die Farbe gut trocknen. Stecke die Teile ineinander und setzt sie auf eine Rolle; eventuell kannst du in die Stecklöcher noch etwas Klebstoff geben.

## TIPP

Du kannst auch ganz leicht eine **Tanne** anfertigen: Schneide aus einem grünen Eierkarton jeweils drei Kegel zu und setze sie mit Klebstoff aufeinander.

# GLIEDERSCHLANGE

Schneide 13 Schälchen aus den Eierkartons aus und male sie in verschiedenen Grüntönen an. Lass die Farbe trocknen. Stich mit einer spitzen Schere in jedes Schälchen genau in die Mitte ein etwa 5 mm großes Loch.

Knote an das Ende des Luftballons einen Schlüsselring oder eine große Perle. Stecke das spitze Ende durch jedes einzelne Loch, bis du alle Schälchen aufgefädelt hast und der Ballon als Zunge vorne herausschaut. Knote das Glöckchen an die Spitze des Luftballons. Zuletzt ergänzt du die Wackelaugen.

## MATERIAL
- 2 Eierkartons (10er)
- 2 Wackelaugen, Ø 8–10 mm
- Luftballon (länglich) oder eine Schnur in Rot, 30 cm
- kleines Glöckchen
- Schlüsselring oder große Perle
- Bastelfarben in verschiedenen Grüntönen

## TIPP
Wenn du die Schlange mit einem länglichen Luftballon bastelst, lässt sie sich später beim Spielen auseinanderziehen und wieder zusammenschieben.

# WALDTIERE

## FUCHS UND DACHS

Für beide Tiere schneidest du jeweils aus dem passenden Eierkarton eine Schale (Körper) und einen Kegel (Schnauze und Kopf) mit zwei runden Bodenstücken (Ohren) aus. Zeichne mit einem Bleistift zwei spitze Ohren auf die Bodenstücke und schneide sie aus. Nun malst du die Einzelteile der Abbildung entsprechend an. Wenn die Farbe getrocknet ist, klebst du die Wackelaugen auf. Probiere vorher aus, welche Stelle dafür am besten passt. Dann stichst du mit einer spitzen Schere in die Oberseite der Schälchen jeweils ein Loch, steckst ein Stück Chenilledraht (Schwanz) hinein und klebst ihn innen fest. Füge jetzt Körper und Kopf zusammen: Klebe jeweils ein Schälchen auf die Rückseite eines Kegels.

## MATERIAL

- Eierkarton in Weiß (Dachs und Maus)
- Eierkarton in Braun (Fuchs und Hase)
- Seidenpapierrest in Braun
- 3 Zahnstocher
- Baumwollkordel in Weiß, 10 cm
- etwas Watte
- Chenilledraht in Orange-Rot, Schwarz
- Wackelaugen:
  - 2x Ø 4 mm (Fuchs)
  - 2x Ø 2 mm (Dachs)
  - 2x oval, 5 x 10 mm (Hase)
- Bastelfarben in Weiß, Rosa, Braun, Grau, Schwarz

# HASE

Schneide ein Schälchen (Kopf) und zwei etwa 4 cm hohe Dreiecke (Ohren) aus Eierkarton aus. Bemale den Hasen nach deinen Vorstellungen oder so, wie du es auf dem Foto siehst. Für das Schwänzchen zerknüllst du ein Stück Seidenpapier zu einer Kugel und klebst sie auf der Rückseite auf. Ergänze etwas Watte auf den Ohren. Zuletzt befestigst du die Ohren und die Wackelaugen mit etwas Klebstoff.

**TIPP**

Wer mag, kann die Augen auch direkt aufmalen.

# MAUS

Schneide aus dem Eierkarton einen Kegel (Schnauze und Kopf) mit zwei runden Bodenstücken (Ohren) aus. Male eine Nase, zwei Augen und ein Haarbüschel mit schwarzer Farbe auf. Die Innenohren kannst du rosafarben anmalen. Die Zahnstocher (Tasthaare) färbst du schwarz und lässt die Farbe trocknen. Mit einer (Prickel-)Nadel stichst du in die vordere Spitze des Kegels jeweils sechs gegenüberliegende Löcher so ein, dass die Zahnstocher später unterschiedlich hoch liegen. Die Zahnstocher steckst du anschließend durch die Löcher. Zuletzt klebst du ein Stück Baumwollkordel als Schwanz an.

# FRÖHLICHE FIGUREN

# BRAUTPAAR

## BRAUT

Beklebe die Rolle ringsherum mit weißem Papier. Schneide aus der weißen Tortenspitze einen Streifen, 9 x 20 cm, für das Oberkleid und einen Streifen, 9 x 10 cm, für den Schleier aus. Zudem fertigst du aus der Muffin-Papierspitze einen Streifen, 5 x 16 cm, für das Unterkleid und einen Streifen, 2 x 4 cm, für den Haarkamm an. Schneide nach der Vorlage noch ein beigefarbenes Gesicht zu.

Klebe nun das Unterkleid auf die Rolle und darüber – der Abbildung entsprechend – das Oberkleid. Die obere Klebekante verdeckst du mit einem schmalen Streifen, 1,3 x 19,5 cm, aus Herzchenpapier. Befestige das Gesicht und zeichne Augen, Nase, Mund und Wangen auf. Den zugeschnittenen Schleier klebst du über die obere Öffnung der Rolle; ergänze an den Seiten noch Tortenspitzenstücke. Zuletzt befestigst du den Haarkamm und den Glitzerstein.

## MATERIAL

### Für *beide* Modelle
- Toilettenpapierrolle
- Papierreste:
  - in Beige
  - mit Herzmuster
- Filzstifte in Rosa, Rot, Blau Schwarz
- Lackstift in Weiß

### Braut
- Tortenspitze in Weiß
- Muffin-Papierspitze in Pink
- Tonpapier in Weiß, Beige
- Glitzerstein in Rosa

### Bräutigam
- Tonpapier in Türkis
- Goldpapierrest
- Kraftpapier, gemustert
- Pailletten:
  - 3x in Blau, Ø 5 mm
  - 1x in Blau, Ø 10 mm
  - 1x in Gold, Ø 7 mm

Vorlage 6, Seite 75

# BRÄUTIGAM

Schneide ein gemustertes Oberteil, 4 x 15 cm, und ein türkisfarbenes Unterteil, 6 x 15 cm, für die (Körper-)Rolle und einen schmalen goldenen Streifen für die Hutkrempe zu; zudem nach der Vorlage für den Hut zwei türkisfarbene Teile sowie ein beigefarbenes Gesicht. Beklebe zuerst die Rolle mit den entsprechenden Papieren. Ergänze auf dem Unterteil einen schmalen Goldpapierstreifen als Knopfleiste. Klebe in der Mitte der Rolle einen schmalen Papierstreifen mit Herzmuster auf; lege die Enden zu einer Schlaufe und befestige darauf die Pailletten. Auch die Pailletten-Knöpfe kannst du nun anbringen. Zeichne Augen, Nase und Mund auf das Gesicht und klebe es auf.

Für den Hut klebst du die Krempe zu einem Ring zusammen. Das Hut-Unterteil schneidest du von der Mitte bis zur gestrichelten Linie sternförmig ein, das Hut-Oberteil schneidest du von außen bis zur gestrichelten Linie ein. Klappe die Papierfransen des Oberteils nach unten und die des Unterteils nach oben und klebe sie jeweils in die Hutkrempe. Befestige den Hut auf der Rolle: Hierfür schneidest du die Oberkante der Rolle ringsherum etwa 1,5 cm ein, biegst die Fransen leicht nach innen, stülpst den Hut darüber und klebst ihn fest.

# KÖNIGIN & KÖNIG

Klebe für die Kronen jeweils ein Stück Dekotape in Gold an die Oberkante einer Rolle und schneide etwa sechs bis neun Zacken ein. Scheide für die Gesichter jeweils einen Streifen Fotokarton zu und befestige ihn unter der Krone.

Für den blau-weiß gestreiften Rock des Königs schneidest du den Boden eines Muffin-Papierförmchens aus; dabei schneidest du am besten eine Seite ein, dann gelangst du leichter zur Mitte. Klebe ein Stück Dekotape auf die Oberkante des Papiers, und zwar so, dass die Kante nur halb bedeckt wird. Mit der anderen Hälfte befestigst du den Rock auf der Rolle. Drücke das Dekotape gut fest.

Der Rock der Königin besteht aus drei Muffin-Papierförmchen, die jeweils auf 5 cm Länge gekürzt sind. Beginne mit dem unteren Rock und klebe ihn – wie oben beschrieben – mit Dekotape auf die Rolle. Klebe das zweite und dann das dritte Rockteil darauf fest. Zuletzt malst du mit einem weißen Lackstift Augen, Nase und Mund auf.

## TIPP
Diese Figuren können auch kleinere Kinder schon gut basteln.

## MATERIAL
- 2 Toilettenpapierrollen
- Fotokarton in Braun
- Muffin-Papierförmchen, gemustert
- Dekotape:
  - in Gold
  - mit Muster
- Lackstift in Weiß

# BLUMENKINDER

Für die Gesichter schneidest du jeweils ein Rechteck, 3,5 x 14 cm, zu und klebst es oben auf die Rolle. Male Augen, Nase, Mund und Wangen auf. Für die Kleider der grünen und der gelben Figur schneidest du drei rechteckige Papierstreifen, 7 x 14 cm, zu. Die Streifen aufkleben, dabei einen (mit Muster) vorher einschneiden. Das Kleid der dritten Figur entsteht aus lilafarbenem Krepppapier, 8 x 20 cm. Lege das Papier etwas in Falten und befestige es unterhalb des Gesichtsstreifens.

Für die Blüten überträgst du mehrere etwa 4 cm große Kreise (Toilettenpapierrolle als Schablone verwenden) auf Seidenpapier und schneidest sie aus. Nimm nun jeweils eine Kreismitte zwischen zwei Finger und drehe sie so ein, dass ein kurzer Blumenstiel mit einer Blüte entsteht. Klebe die Blüten auf die Figuren.

Die Haare der grünen und der lilafarbene Figur entstehen jeweils aus einem Tonpapierstreifen, 4,5 x 14 cm. Diese Streifen schneidest du – bis auf eine 1,5 cm breite Kante – ein, dabei entstehen schmale Papierfransen. Diese Fransen ziehst du Schritt für Schritt über die scharfe Kante einer Schere, sodass sie sich etwas einrollen. Lass dir dabei von einem Erwachsenen helfen. Klebe die Haarstreifen mit Dekotape an die Oberkanten der Rollen. Bei der lilafarbenen Figur schneidest du noch eine Ponyfrisur, also hier kürzt du die Fransen etwas.

## MATERIAL
- 3 Toilettenpapierrollen
- Fotokarton in Beige, Gelb, Hellgrün
- Tonpapier in Dunkelgrün, Flieder (für die Haare)
- Papierrest in Gelb mit roten Blümchen
- Seidenpapier in Gelb, Orange, Rot, Lila, Hellgrün, Dunkelgrün (für die Papierblüten)
- Krepppapier in Lila
- Dekotape, gemustert
- Lackstifte in Rot, Schwarz

# SCHNEEMANN

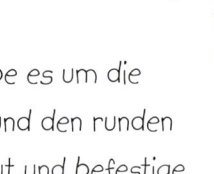

Schneide aus weißem Filz ein Rechteck, 10 x 15 cm, zu und *klebe es um die* (Körper-)Rolle. Schneide nach der Vorlage den roten Filzschal und den runden türkisfarbenen Filzhut zu. Klebe den dicken Bommel auf den Hut und *befestige ihn auf dem Schneemann*. Schneide den Schal an den Seiten fransig ein und binde ihn um die Rolle herum. Ergänze zwei kleinere Bommel als Knöpfe.

Für den Besen schneidest du nach der Vorlage schwarzes Tonpapier – bis auf die obere Kante – fransig. Kürze mit einer Zange den Holzspieß auf 8 cm Länge, bestreiche den oberen Abschnitt mit Klebstoff und wickle die Kante des schwarzen Papiers herum. Stecke den fertigen Besen seitlich in den Schal. Ergänze die Wackelaugen und den Nasenbommel.

## MATERIAL
- Toilettenpapierrolle
- Filz in Türkis, 3 mm dick
- Filz in Weiß, Rot, 1 mm dick
- Tonpapierrest in Schwarz
- Holzspieß, 8 cm
- Bommel:
  - 2x in Türkis, Ø 1 cm
  - 1x in Orange, Ø 1 cm
  - 1x in Türkis, Ø 4,5 cm
- 2 Wackelaugen, Ø 1 cm

Vorlage 7 Seite 75

# ENGEL

Übertrage die Vorlage der Flügel, des Gesichtes, des Heiligenscheins, der Haare und des Mantels auf den jeweiligen Filz. Befestige zuerst das Gesicht, dann den Mantel und anschließend die Haare auf der Rolle. Klebe den gelben Filzstreifen (Heiligenschein) an die Oberkante der zweiten Rolle. Zeichne mittig einen 1 x 2 cm großen Steg direkt an den Heiligenschein und schneide alles aus.

Klebe den Steg so in die Engelfigur, dass der Schein etwa 1 cm über dem Engelhaar schwebt. Befestige die Flügel auf der Rückseite des Engels. Ergänze die Augen und einen kleinen roten Filzmund. Zuletzt klebst du die kleinen Bommel an die untere Kante.

## MATERIAL

- 2 Toilettenpapierrollen
- Filz in Weiß, Beige, Gelb, Hellblau, Rot, Dunkelbraun, 1 mm dick
- 8 Bommel in Türkis, Ø 1 cm
- 2 Wackelaugen 0,7 cm

Vorlage 8, Seite 77

# RENTIER

Schneide aus braunem Filz ein Rechteck, 10 x 15 cm, zu
und beklebe die (Körper-)Rolle damit. Positioniere vorne
in der Mitte den roten Bommel als Nase, darüber die
Wackelaugen und darunter einen aus rosafarbenem Filz
zugeschnittenen Mund. Schneide nach der Vorlage aus
weißem Fotokarton die beiden Teile für das Geweih zu
und stecke sie auf die obere Rollenkante. Du kannst sie
noch mit etwas Klebstoff befestigen.

## MATERIAL

- Toilettenpapierrolle
- Fotokartonrest in Weiß
- Filz in Dunkelbraun, 1 mm dick
- Filzrest in Rosa
- Bommel in Rot, Ø 2 cm
- 2 Wackelaugen, Ø 1 cm

Vorlage 9, Seite 75

# NIKOLAUS

Schneide aus dem dünnen, roten Filz ein Rechteck, 10 x 15 cm, zu und *beklebe die* (Körper-)Rolle damit. Schneide nach der Vorlage aus Filz den weißen Bart und den Zuschnitt für die rote Mütze (3 mm dick) zu. Außerdem schneidest du noch einen kleinen beigefarbenen Filzkreis als Gesicht und einen roten Filzmund zu. Befestige den Bart, das Gesicht, den Mund, die Augen und zwei *gelbe Bommel (Knöpfe)* auf dem Körper und male zwei Nasenlöcher auf. Rolle den Mützenzuschnitt zu einer Spitztüte und *klebe die überlappenden Seiten zusammen.* Ergänze einen weißen Bommel auf der Spitze und *befestige den Hut auf der Rolle.*

## MATERIAL

- Toilettenpapierrolle
- Filz:
  - in Weiß, Beige, Rot, 1 mm dick
  - in Rot, 3 mm dick
- Bommel:
  - 1x in Weiß, Ø 4,5 cm
  - 2x in Gelb, Ø 1 cm
- 2 Wackelaugen, Ø 0,7 cm
- Filzstift in Schwarz

Vorlage 10, Seite 76

IN DER

STADT

# RENNAUTOS

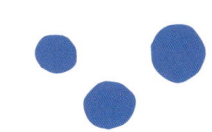

## CABRIO

Beklebe die Rolle mit dem gepunkteten Papier und schlage die überstehenden Kanten nach innen ein. Male die Wattekugeln türkisfarben an. Schneide ein ovales Loch, etwa 3,5 x 4 cm, in die Mitte der Rolle (siehe Seite 8). Schneide nach der Vorlage aus Pappe eine Rückenlehne (Vordersitz) zu.

Aus der restlichen Pappe fertigst du ein rechteckiges Nummernschild an. Klebe die Rückenlehne in das Loch und befestige mit einem Stück Zahnstocher den roten Knopf als Lenkrad. Klebe die türkisfarbenen Kugeln vorne und hinten in die Rolle und bringe darauf vorne die gelben Knöpfe als Scheinwerfer und das Nummernschild an. Als Rückleuchten befestigst du hinten zwei rote Bommel. Zuletzt klebst du die vier Kronkorken als Räder an.

## MATERIAL

- Toilettenpapierrolle
- Kraftpapier mit blauen Punkten, 14 x 15 cm
- feste Pappe
- 2 Wattekugeln, Ø 4 cm
- Knöpfe:
  - 1x in Rot, Ø ca. 1,6 cm
  - 2x in Gelb, Ø ca. 0,8 cm
- 4 Kronkorken
- 2 Bommel in Rot, Ø 0,8 cm
- Bastelfarbe in Türkis

Vorlage 11, Seite 75

# FLITZER

Beklebe die Rolle mit dem gestreiften Papier, sodass es an der Vorderkante bündig anliegt. Drücke an der Rückseite das Papier in die Mitte; auf diese Weise entstehen zwei kleine Spitzen. Schneide nach der Vorlage die Grundform für die vordere Spitze aus gelbem Fotokarton zu, klebe sie zusammen und befestige sie auf der Rolle.

Zuletzt bringst du mit Heißkleber die Räder (Knöpfe) an den Seiten an; lass dir dabei von einem Erwachsenen helfen. Achte dabei darauf, dass du die Räder auf gleicher Höhe befestigst.

## MATERIAL

- Toilettenpapierrolle
- Fotokarton in Gelb, Schwarz-Gelb gestreift (14 x 14 cm)
- Knöpfe:
  - 2x Ø 3,2 cm
  - 2x Ø 3,6 cm

Vorlage 10, Seite 76

# OLDTIMER

Beklebe die Rolle mit dem gestreiften Papier und schneide die überstehenden Kanten in etwa 1 cm breite Streifen. Klebe die Streifen mittig übereinander und verschließe damit die Öffnungen der Rolle. Schneide nach den Vorlagen folgende Einzelteile zu: vier Pappräder, eine hellblaue Vorder- und eine hellblaue Rückseite (Kreise) sowie ein hellblaues Fenster. Klebe die hellblauen Kreise auf die Vorder- und auf die Rückseite. Forme die Seidenpapierstücke zu vier Kugeln; die gelben bringst du als Scheinwerfer vorne an, die roten als Rückleuchten hinten.

Zur Befestigung der Frontschreibe zeichnest du oben auf die Rolle einen waagerechten Strich und schneidest ihn ein (siehe Seite 8). Stecke die Fensterscheibe durch den Schlitz. Stich mit einer (Prickel-)Nadel mittig durch die PapPräder ein Loch. Leicht unterhalb der Mitte steckst du zwei Zahnstocher als Radachsen durch die Rolle. Stich auch dafür vier Löcher in die Rolle. Stecke die Zahnstocher durch und setze die Räder darauf. Kürze sie eventuell noch etwas. Für das Fähnchen fertigst du nach der Vorlage einen Wimpel an und klebst ihn auf einen Zahnstocher. Stich den Zahnstocher in die Rolle.

## MATERIAL

- Toilettenpapierrolle
- Tonpapier, gestreift, 14 x 15 cm
- Papierreste in Hellblau, Rot mit weißen Punkten
- Seidenpapierreste:
  - 2x in Gelb, 10 x 10 cm
  - 2x in Rot, 10 x 10 cm
- feste Pappe
- 3 Zahnstocher

Vorlagen 11, 12, Seite 75

# PARKHAUS

Verpacke die Schachtel wie Geschenk mit dem Seidenpapier. Schneide mit einer Prickelnadel (ein Erwachsener mit einem Cutter) der Abbildung entsprechend in die Vorderseite ein Loch für die Einfahrt. Beklebe die Öffnung an drei Seiten mit rotem Dekotape. Auf die Oberseite kannst du an drei Seiten ein Rechteck einstechen. Die vierte Seite klappst du herunter. So entsteht eine Rampe, auf der du Autos auf das Oberdeck fahren kannst.

Schneide für die weiteren Einzelteile (Höhenschild, Schranken) kleine Rechtecke und Streifen und Kreise aus Fotokarton zu. Durchstich die Schrankenteile mit einer Prickelnadel, stecke je einen halben Zahnstocher hindurch und klebe sie zusammen. Ergänze eine Perle jeweils vor und hinter einer Stange. Klebe auf den langen Streifen des Höhenschildes einen Dekotape-Streifen. Klebe das Schild von innen oben an die Öffnung. Stich rechts und links vom Eingang zwei Löcher mit einer Prickelnadel ein und stecke die Schranken hinein. Klebe sie nicht fest, denn dann kannst du sie öffnen und schließen.

## MATERIAL

- Schachtel, etwa 14 × 18 × 20 cm
- Seidenpapier in Hellblau-Weiß gestreift
- Dekotape in Rot mit weißen Punkten
- Fotokartonreste in Hellblau, Gelb, Gelb-Schwarz gestreift
- 4 Bügelperlen in Schwarz

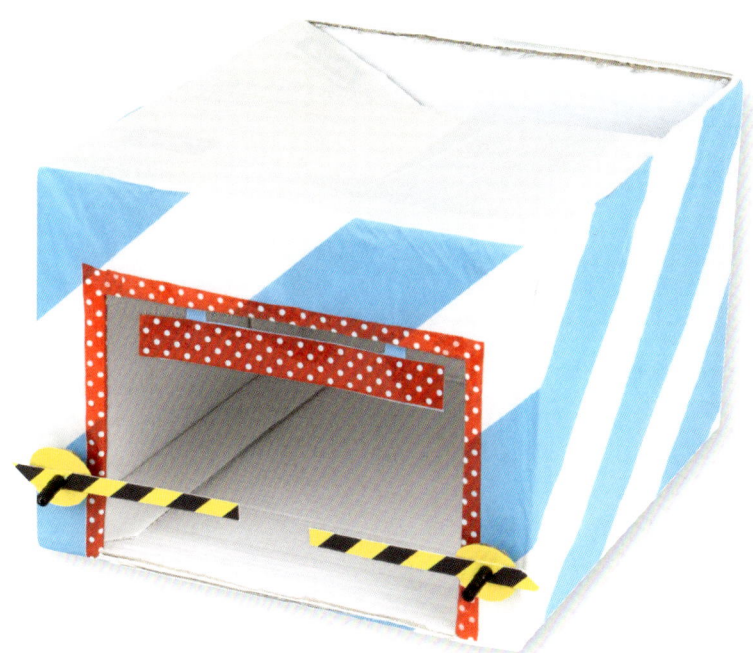

# LASTER

Zuerst beklebst du die Schachtel mit den verschiedenen Papieren (siehe Seite 7). Als Fenster befestigst du kleine blaue Kartonrechtecke. Für die Räder nutzt du einen Holzring als Schablone: Lege einen Ring viermal auf schwarzes Tonpapier, umfahre ihn mit einem Bleistift und schneide die Kreise aus; durchstich sie in der Mitte mit einer (Prickel-)Nadel. Streiche auf die Holzringe flüssigen Klebstoff und drücke sie auf je einen ausgeschnittenen Kreis. Lass den Klebstoff trocknen.

Nun befestigst du die Räder: Markiere dir zunächst die richtige Position, alle Räder sollten auf gleicher Höhe sein. Stich an diesen Stellen mit einer (Prickel-)Nadel Löcher in die Schachtel und stecke Zahnstocher als Achsen hinein. Die Zahnstocher sollten auf beiden Seiten etwa 1 cm weit herausstehen. Schiebe die Räder mit etwas Klebstoff darauf und stülpe jeweils eine kleine Perle als Radabschluss darüber. Lass den Klebstoff trocknen. Schneide mit einer Zange ein passendes Stück Chenilledraht ab und befestige es als Stoßstange am Laster. Lass dir dabei von einem Erwachsenen helfen.

## MATERIAL

- rechteckige Schachtel, etwa 20 x 10 x 4 cm
- Tonpapierreste in Weiß-Rot gepunktet, Hellblau, Schwarz
- Kraftpapier mit Konfettimuster
- Chenilledraht in Schwarz, 10 cm
- 4 Vorhangringe aus Holz, Ø ca. 5,5 cm
- 4 Bügelperlen
- 2 Zahnstocher

## TIPP

Für die Schilder schneidest du runde oder eckige Papierstücke zu. Schneide in Papierhalme jeweils zwei gegenüberliegende, 5 cm lange Schlitze ein und stecke die Schilder hinein.

# TOR

Schneide aus dem gemusterten Kraftpapier ein 12 x 16 cm großes Rechteck und aus rotem Kraftpapier ein 20 x 34,5 cm großes Rechteck aus. Die beiden Rechtecke legst du in Ziehharmonikafalten, dabei beginnst du jeweils an den Längsseiten; es entsteht jeweils ein schmaler langer Streifen; diesen Streifen faltest du in der Mitte, klebst die aneinanderstoßenden Kanten zusammen und ziehst den Fächer auseinander, sodass ein Halbkreis entsteht. Klebe die Halbkreise oben auf die Schachtel.

Schneide aus der Wellpappe zwei 10 x 14 cm große Rechtecke zu und klebe sie um die Rollen herum. Beklebe die Kaffeebecher mit dem weiß-grau gestreiften Geschenkpapier. Füge nun alle Teile zusammen: als Basis die Becher, darauf die Rollen und als Abschluss die Schachtel mit den Fächern.

## MATERIAL

- Schachtel, etwa 10 x 23 x 4,5 cm
- 2 Toilettenpapierrollen
- 2 Pappkaffeebecher
- Kraftpapier:
  - in Rot
  - mit Muster
- Wellpappe in Braun
- Geschenkpapier in Weiß-Grau gestreift

53

# EINFAMILIENHAUS

Beklebe die Schachtel mit orangefarbenem Papier (siehe Seite 7). Markiere dir auf der Schachtel eine Tür und ein oder zwei größere rechteckige Fenster und schneide sie so aus, dass du sie auf- und zuklappen kannst. Hierfür nimmst du eine Prickelnadel. Oder ein Erwachsener hilft dir mit einem Cutter. Beklebe die Tür und die Fenster mit Papierresten, schneide zusätzlich noch kleine, hellblaue Rechtecke als Fensterelemente aus.

Aus gelbem Papier kannst du Vorhänge ausschneiden, aus rotem eine Klingel, eine Türklinke und Vorhangbänder. Probiere einfach aus, was dir gefällt. Das Dach entsteht aus roter Wellpappe: Miss die Breite und die Tiefe des Hauses. Zeichne auf die rote Wellpappe ein Rechteck, das so tief ist wie das Haus und dreimal so breit. Klebe den Streifen zu einem dreieckigen Dach zusammen und befestige es auf dem Haus.

**MATERIAL**
• quadratische Schachtel, etwa 17 × 16 × 12 cm
• Wellpappe in Rot
• Tonpapier in Orange
• Papierreste in Gelb, Rot, Hellblau, Dunkelblau

# HOCHHAUS

Verpacke die Schachtel mit dem gelben Papier wie ein Geschenk. Klebe auf die Vorderseite mit hellblauem Dekotape mehrere Fenster und eine Tür auf. Auf die Seiten klebst du aus Dekotape-Streifen etwas größere Balkontüren. Das Balkongitter entsteht aus dunkelblauen Papierstreifen, die du – wie auf dem Foto zu sehen – zusammenfügst.

Wer mag, kann auch ein Vogelhaus ergänzen: Einfach die Form aus rotem Papier ausschneiden und aufkleben. Einen schwarzen Punkt als Eingang darauf malen und ein Stück Zahnstocher als Sitzstange hinzufügen. Oben auf das Haus kannst du einen Hubschrauberlandeplatz mit Dekotape-Streifen markieren.

## MATERIAL

- lange, rechteckige Schachtel, etwa 10,5 x 10,5 x 25 cm
- Transparentpapier in Gelb
- Papierreste in Rot, Dunkelblau
- Dekotape in Hellblau mit weißen Punkten, Rot mit weißen Punkten
- Filzstift in Schwarz

# HUBSCHRAUBER

Schneide aus dem Kraftpapier ein Rechteck, 14 x 15 cm, aus und klebe es an einer Seite bündig auf die Rolle. Falte das überstehende Papier zu einem Kreuz, indem du die Seiten zusammendrückst. Schneide die untere Spitze schräg ab. Klebe die offenen Kanten mit Dekotape zusammen. Male die Kugel mit blauer Acrylfarbe an und lass die Farbe gut trocknen.

Für die Flügel (Rotoren) schneidest du die rot-gelben Papierhalme auf eine Länge von 12 cm zu und stichst in die Mitte ein Loch. Steche einen Holzspieß in die Mitte der Rolle und klebe die Halme sowie eine gelbe Perle darauf. Wenn du den Holzspieß lang lässt, kannst du die Rotoren später beim Spielen aus- und einfahren.

Für das Landegestell (Kufen) schneidest du die blauen Halme auf eine Länge von 13 cm zu, stichst der Abbildung entsprechend je zwei Löcher ein und steckst Zahnstocher hinein. Positioniere sie leicht schräg unter dem Hubschrauber und markiere dir die Einstichlöcher. Stich mit einer Nadel in die Rolle, tropfe ein wenig Klebstoff darauf und stecke die Zahnstocher hinein. Lass den Klebstoff gut trocknen. Zuletzt befestigst du die Kugel in der vorderen Öffnung.

## MATERIAL

- Toilettenpapierrolle
- Kraftpapier mit Muster
- Wattekugel, Ø 4 cm
- Papierhalme:
  - 2x in Orange-Rot gestreift, 12 cm
  - 2x in Hell- und Dunkelblau gestreift, 13 cm
- 4 Streichhölzer
- Holzspieß
- Dekotape in Orange-Weiß kariert
- Holzperle in Gelb
- Acrylfarbe in Metallic-Blau

# IN DIE FERNE SCHAUEN

## FERNROHR

Schneide von der größeren Rolle ein etwa 5 cm langes Stück ab und beklebe es mit dem gemusterten Papier. Male die schmalere Küchenrolle schwarz und die breitere goldfarben an. Bestreiche das Ende der goldfarbenen Rolle 5 cm breit mit flüssigem Klebstoff und wickle die Wolle darum herum (siehe Seite 9). Kopiere den Totenkopf von der Vorlage und schneide ihn als Negativ-Schablone aus (die Innenformen ausschneiden). Tupfe vorsichtig mit einem Pinsel schwarze Farbe in die freien Flächen. Ziehe die Schablone ab und lass die Farbe trocknen. Füge die Einzelteile der Abbildung entsprechend zu einem Fernrohr zusammen.

## FERNGLAS

Beklebe zwei Toilettenpapierrollen mit dem gemusterten Papier. Schneide von der etwas größeren Rolle einen etwa 3 cm breiten und zwei etwa 1,5 cm breite Ringe ab. Die zwei schmalen Stücke malst du goldfarben an, das große Stück schwarz. Während die Farbe trocknet, kannst du die Rollen an einer Seite jeweils mit schwarzer Wolle umwickeln (siehe Seite 9). Drücke das schwarze Teil in der Mitte zusammen, sodass ein Oval entsteht. Bestreiche die Mitte der Rundungen mit flüssigem Klebstoff und drücke die Rollen rechts und links daran. Zuletzt befestigst du rechts und links am Fernglas noch eine schwarze Kordel.

## MATERIAL

### Für beide Modelle
- Papier, gemustert
- Wolle in Schwarz
- Bastelfarben in Gold, Schwarz

### Fernrohr
- 2 unterschiedlich große Küchen-papierrollen

### Fernglas
- 3 Toilettenpapierrollen, davon eine mit einem etwas größeren Durchmesser
- Baumwollkordel in Schwarz, 40 cm

Vorlage 13, Seite 74

# STIFTEBURG

Schneide die Rollen zu: die Chips-Pappdose 8 cm hoch, die Küchenrollen 13 cm hoch. Zeichne an die Oberkanten aller Rollen (Türme) etwa 1,5 cm hohe Burgzinnen auf und schneide sie aus. Male alle Türme innen und außen gelb und die feste Pappe (Unterlage) grün an. Falls die Chips-Pappdose die Farbe nicht annimmt, kannst du sie vorher mit weißem Papier bekleben. Lass die Farbe trocknen.

Mit einem eckigen Radiergummi und brauner Farbe kannst du ganz einfach „Steine" auf die Türme drucken (siehe Seite 9). Male mit brauner Farbe auch ein Tor auf die Dose in der Mitte. Auf die schmalen Rollen kannst du unten noch hellgrüne Grashalme aufmalen.

Klebe die Rollen auf den Karton: Hierfür bestreichst du die unteren Kanten mit flüssigem Klebstoff. Befestige zuerst die Dose in der Mitte und setze dann die schmaleren Rollen darum herum. Die Burgfähnchen kannst du nach der Anleitung auf Seite 9 ganz leicht aus Papierstreifen, ca. 2 × 9 cm, anfertigen und an Papierhalme kleben.

## MATERIAL

- 2 Toilettenpapierrollen
- 2 Küchenpapierrollen
- Chips-Pappdose
- Pappstück, 15 × 18 cm
- Papierreste in Rot, Blau-Weiß mit Rauten
- 4 Papierhalme
- Bastelfarben in Gelb, Hellgrün, Braun

# SCHÖNER SCHMUCK

## GLIEDERKETTE

Male vier Rollen rosafarben an und lass die Farbe gut trocknen. Schneide dann die Rollen auf, markiere sechs gleich breite Streifen (Ringe) und schneide sie aus. Nimm einen Ring und klebe ihn mit einem Stück Dekotape wieder zusammen. Das ist das erste Kettenglied. Lege den zweiten Ring in den ersten und verschließe diesen auch wieder mit Dekotape. Auf diese Weise machst du weiter, bis deine Kette die gewünschte Länge erreicht hat. Den letzten Ring fädelst du durch den ersten und verschließt die Kette.

### TIPP
Auf diese einfache Art kannst du auch ganz lange Ketten oder Girlanden für dein Zimmer basteln.

### MATERIAL
- 4 Toilettenpapierrollen
- Dekotape in Gelb mit weißen Punkten
- Acrylfarbe in Metallic-Rosa

## MATERIAL

- PappKiste mit Deckel zum Aufklappen, etwa 14 x 5 x 12 cm
- Spiegelkarton
- Tortenspitze, Ø 12 cm (als Schablone)
- halbe Perlen in Creme, selbstklebend, Ø 7 mm
- Satinband in Weiß
- Acrylfarben in Metallic-Rosa, Metallic-Mintgrün
- Bastelfarben in Weiß, Gelb

# SCHATULLE

Male den Karton außen in Metallic-Mintgrün und innen in Metallic-Rosa an und lass die Farbe gut trocknen. Nun kannst du die Außenseite nach deinen Wünschen oder so, wie du es auf dem Foto siehst, verzieren. Verwende beispielsweise eine Tortenspitze als Schablone und male kleine Muster auf. Achte darauf, nicht zu viel Farbe zu nehmen, weil das Papier dann reißen kann. Lass die Farbe leicht antrocknen, bevor du die Papierspitze entfernst. Oder du druckst einfach kleine Punkte auf (siehe Seite 9). Auch ein aufgemaltes gelbes Schloss sieht sehr schön aus. Wenn die Farbe getrocknet ist, kannst du die Perlen aufkleben.

Auf der Innenseite des Deckels kannst du ein rechteckiges Stück Spiegelkarton anbringen (oder einen kleinen echten Spiegel) und mit Perlen verzieren. Wer mag, kann an einer Seite auch noch ein Stück Satinband zwischen Deckel und Kiste befestigen, um zu verhindern, dass der Deckel nach hinten umklappt.

# ROSAFARBENER ARMREIF

Schneide die Rolle senkrecht auf und schneide ein etwa 4 cm breites Stück ab. Bemale dieses Stück rosafarben und lass die Farbe gut trocknen. Wickle rosafarbene und rostrote Wollfäden um dieses Stück Pappe (siehe Seite 9), nimm dabei beide Farben zusammen in eine Hand. Klebe die Enden fest.

**MATERIAL**
- Toilettenpapierrolle
- Wolle in Rosa, Rostrot
- Bastelfarbe in Rosa

# SCHLANGEN-ARMREIF

Zeichne mit einem Bleistift eine spiralförmig verlaufende Linie auf die Rolle und schneide an ihr entlang. Diese Grundform umwickelst du nun mit den verschiedenen Wollfäden (siehe Seite 9). Beginne dabei mit einer etwa 20 cm langen Wollschnur und arbeite dann Schritt für Schritt weiter. Sobald das Fadenende zu sehen ist, knotest du den nächsten Faden an. Wickle immer weiter, bis du an das Ende der Spirale gelangst. Das kann einige Zeit dauern.

**MATERIAL**
- Toilettenpapierrolle
- Wolle in zwei Grüntönen

**TIPP**

Die Grundform dieses Armreifs kannst du auch ganz einfach mit Dekotape-Streifen bekleben, das geht etwas schneller.

# SCHEIBENKETTE UND -ARMBAND

Schneide für die Kette nach der Vorlage eine große, zwei mittelgroße und zwei kleine Scheiben aus der Pappe aus. Markiere an den Rändern der kleinen Scheiben mit einem Bleistift jeweils acht Punkte und schneide an diesen Stellen kleine Dreiecke aus. In die zwei mittleren und in den großen Kreis schneidest du 16 kleine Dreiecke. Nimm zwei Garne und lege sie zusammen.

Nun kannst du – wie auf dem Foto zu sehen – verschiedene Muster legen, zum Beispiel Gitternetze oder Sternformen. Verknote am Schluss die Fäden auf der Rückseite. Um die Scheiben zu einer Kette zusammenzufügen, fädle einen längeren Faden auf eine Nadel und verbinde auf der Scheibenrückseite immer zwei Scheiben miteinander; verknote die Fäden. An die zwei oberen Scheiben befestigst du die Enden einer Kordel, damit du dir die Kette umhängen kannst.

Das Armband kannst du wie die Kette arbeiten, hierfür schneidest du allerdings nur sechs kleine Pappkreise zu. Bei diesem Modell sind die Garne kreuzweise und diagonal gelegt. Verknote die Scheiben miteinander zu einem Kreis.

## TIPP
Du kannst aus den Pappscheiben auch Mobiles oder Dekorationen fürs Fenster arbeiten.

## MATERIAL
- feste Pappe/stabiler Karton
- Stickgarn in Gelb, Orange, Rosa, Rot, Hellblau, Hellgrün

Vorlage 14, Seite 74

# PUPPENSERVICE

## TEEKANNE

Lege die Klebebandrolle (Kanne) als Schablone auf die feste Pappe und zeichne den Innenkreis (Kannenboden) auf. Übertrage zudem nach der Vorlage den Gießhahn und die Deckelkreise. Schneide alle Einzelteile aus. Schneide dazu noch einen 1,5 cm breiten Ring von der dicken Kartonrolle ab (= Henkel) und schneide ihn auf. Um den Gießhahn später zu befestigen, schneidest du einen 1,5 cm langen Schlitz in die Klebebandrolle, lass dir dabei am besten von einem Erwachsenen helfen.

Um die Kanne zu verzieren, faltest du einen etwa 2,5 x 30 cm großen hellblauen Papierstreifen fünfmal in der Mitte (Ziehharmonika), bis er etwa 6 cm breit ist. Zeichne zwei 1 cm hohe Zacken drauf, die von Rand zu Rand verlaufen, und schneide sie aus. Wenn du den Streifen wieder auseinanderfaltest, sind im gesamten Streifen Zacken entstanden. Befestige den Streifen auf der Kanne. Male die Einzelteile und die große Wattekugel der Abbildung entsprechend an. Mit der Rückseite eines Bleistiftes kannst du rote Punkte auf die Kanne drucken (siehe Seite 9). Lass die Farbe gut trocknen.

Setze nun die Einzelteile zusammen: Bestreiche innen die Unterkante der Kanne mit Klebstoff und schiebe sie über den Boden-Pappkreis. Füge die Deckelkreise auf der Oberseite zusammen; klebe dabei einen mittelgroßen Kreis auf die Unterseite des Deckels. Befestige den Gießhahn und den Henkel. Durchstich den Deckel mittig mit einer (Prickel-)Nadel. Klebe die rote Wattekugel auf einen Zahnstocher und stecke ihn durch den Deckel; das überstehende Stück schneidest du ab.

# KÄNNCHEN, DOSE, TASSEN

Zuerst schneidest du von den Toilettenpapierrollen unterschiedlich breite Ringe ab: 3,5 cm (für die Tassen), 6 cm (für das Milchkännchen), 4 cm (für die Zuckerdose). Für die Henkel überträgst du entweder die Form von der Vorlage auf Pappe und schneidest sie aus oder du schneidest 1 cm breite Ringe von der festen Kartonrolle ab. Schneide auch die anderen Einzelteile (Deckel, Gießhahn) nach der Vorlage zu.

Stelle für einen Tassen- oder Kannenboden eine Toilettenpapierrolle auf feste Pappe und zeichne innen mit einem Bleistift den Kreis nach. Je nach Anzahl schneidest du entsprechend viele Böden zu und klebst sie ein (siehe Anleitung Teekanne). Befestige die Henkel an den Tassen. Die Tassen, das Kännchen und die Dose kannst du – wie bei der Teekanne beschrieben – mit hellblauen Streifen oder roten Punkten verzieren. Auch die anderen Einzelteile kannst du bemalen und nach dem Trocknen der Farbe zusammenfügen.

## MATERIAL

- Toilettenpapierrollen
- Pappe
- dicke, feste Kartonrolle, Ø 4 cm
- Tonpapier in Hellblau
- Wattekugeln, Ø 1–2 cm
- Bastelfarben in Rot, Hellblau

Vorlage 15, Seite 76

**MATERIAL**
- feste Pappe
- 2 Eierkartonkegel
- 4 Muffin-Papierförmchen, gemustert
- Bastelfarbe in Rot

# TELLER, UNTERSETZER, SERVIETTENHALTER

Für die Teller und Untersetzer überträgst du nach der Vorlage die entsprechenden Kreise auf die Pappe und schneidest die Teile aus. Streiche die Muffin-Papierförmchen mit den Fingern glatt, sodass sie flach mit der Unterseite nach oben auf dem Tisch liegen. Bestreiche die Pappkreise mit Klebstoff und drücke sie mittig auf die Papiere; drehe sie um und streiche sie von vorne glatt. Je nach Größe musst du den Rand noch abschneiden.

Für die Serviettenhalter schneidest du von den Kegeln ein Stück ab, sodass eine Öffnung entsteht. Drucke rote Punkte auf (siehe Seite 9) und lass die Farbe gut trocknen.

# PUPPENBETT

Schneide vier Kegel ohne Rand und vier Kegel mit Rand aus den Eierkartons aus. Schneide den Deckel eines 6er-Eierkartons ab (Kissen) und male ihn dunkelblau an. Male die Obstkiste (Puppenbett) außen hellrot und innen hellblau an und lass die Farbe gut trocknen. Male auch die Küchenpapierrollen und die Kegel der Abbildung entsprechend an. Wenn die Farben getrocknet sind, kannst du die zwei roten Kegel mit gelber Farbe verzieren. Auf das Puppenbett kannst du noch Kreise und Punkte aufdrucken (siehe Seite 9). Als Stempel kannst du Korken, Bleistifte oder Holzspieße verwenden.

Auf die Küchenpapierrollen kannst du Dekotape-Streifen spiralförmig aufkleben. Klebe mit Holzleim die zwei gelben Kegel ohne Rand oben auf die Spitzen. Fixiere dann die Rollen auf den zwei Ecken am Kopfende. Auf die zwei Ecken am Fußende befestigst du die rot-gelben Kegel. Klebe die runde Tortenspitze auf das blaue Eierkarton-Kissen und platziere es – zusammen mit der rechteckigen Tortenspitze (Bettdecke) – in dem Bett. Wenn der Klebstoff getrocknet ist, befestigst du die vier gelben Kegel (mit Rand) als Füße unter dem Bett.

## MATERIAL

- Obstkiste
- 2 Küchenpapierrollen
- Eierkartons:
  - 2x 10er
  - 1x 6er
- Tortenspitze, rechteckig und rund, Ø 13 cm
- Dekotape in Rot und Gelb mit weißen Punkten
- Bastelfarben in Gelb, Rot, Dunkelrot, Hellblau, Dunkelblau

# FOTOAPPARAT

Schneide einen Kegel vollständig und einen 2 cm langen Kegel aus dem Eierkarton aus. Beklebe den Deckel des Kartons von außen mit hellblauem Papier, etwa 12 x 15 cm.

Male die Toilettenpapierrolle (= Objektiv) innen und außen schwarz und den kleinen Kegel rot an. Lass die Farbe gut trocknen. Schneide ein größeres Loch in den Eierkarton, beginne dabei von hinten, und zwar an der Stelle, an der du den großen Kegel herausgeschnitten hast. Bestreiche die Ränder mit Klebstoff und stecke die schwarze Rolle hinein.

Schneide das Display nach Vorlage aus dem silbernen Fotokarton aus, lege es auf die Klarsichthülle, umfahre die Form mit einem Stift und schneide sie aus. Klebe die Sichthülle auf den Rahmen; das fertige Display befestigst du dann auf der Rückseite der Kamera über dem Objektiv.

Umwickle den großen Kegel mit orangefarbener und gelber Wolle sowie die Kamera mit hellblauem Papiergarn (siehe Seite 9). Umwickle auch das Objektiv teilweise mit hellgrünem Papiergarn. Zuletzt klebst du die zwei Kegel auf die Oberkante der Kamera: den gelb-orangenen als Blitz, den roten als Auslöser.

## MATERIAL

- Eierkarton (6er) (ohne Aufdruck)
- Toilettenpapierrolle
- Tonpapier in Hellblau
- Fotokartonreste in Silber (Display)
- Papiergarn und Wolle in Gelb, Orange, Rot, Hellgrün, Hellblau
- Klarsichthülle (Display)
- Bastelfarben in Rot, Schwarz

Vorlage 16, Seite 75

# VORLAGEN

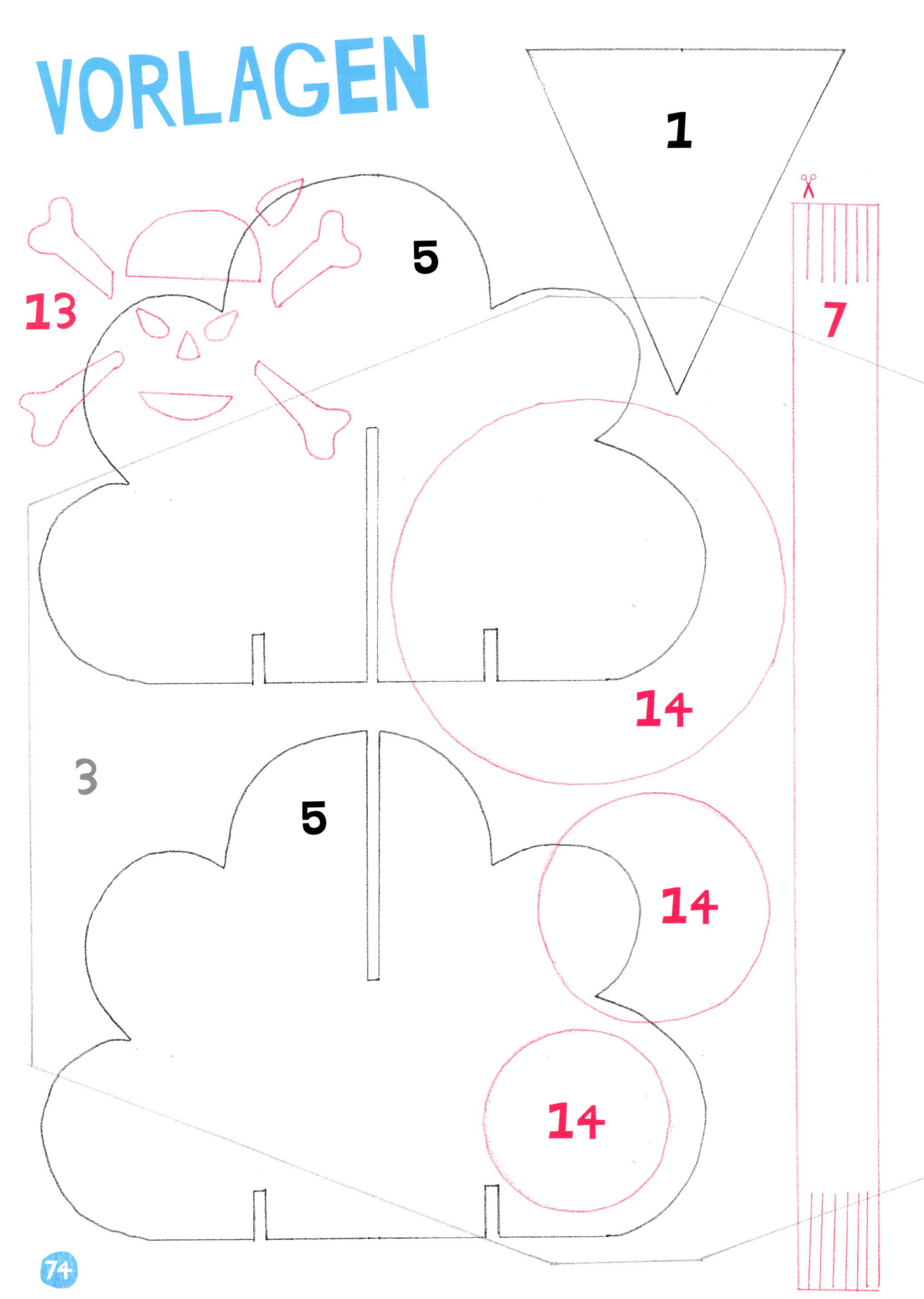

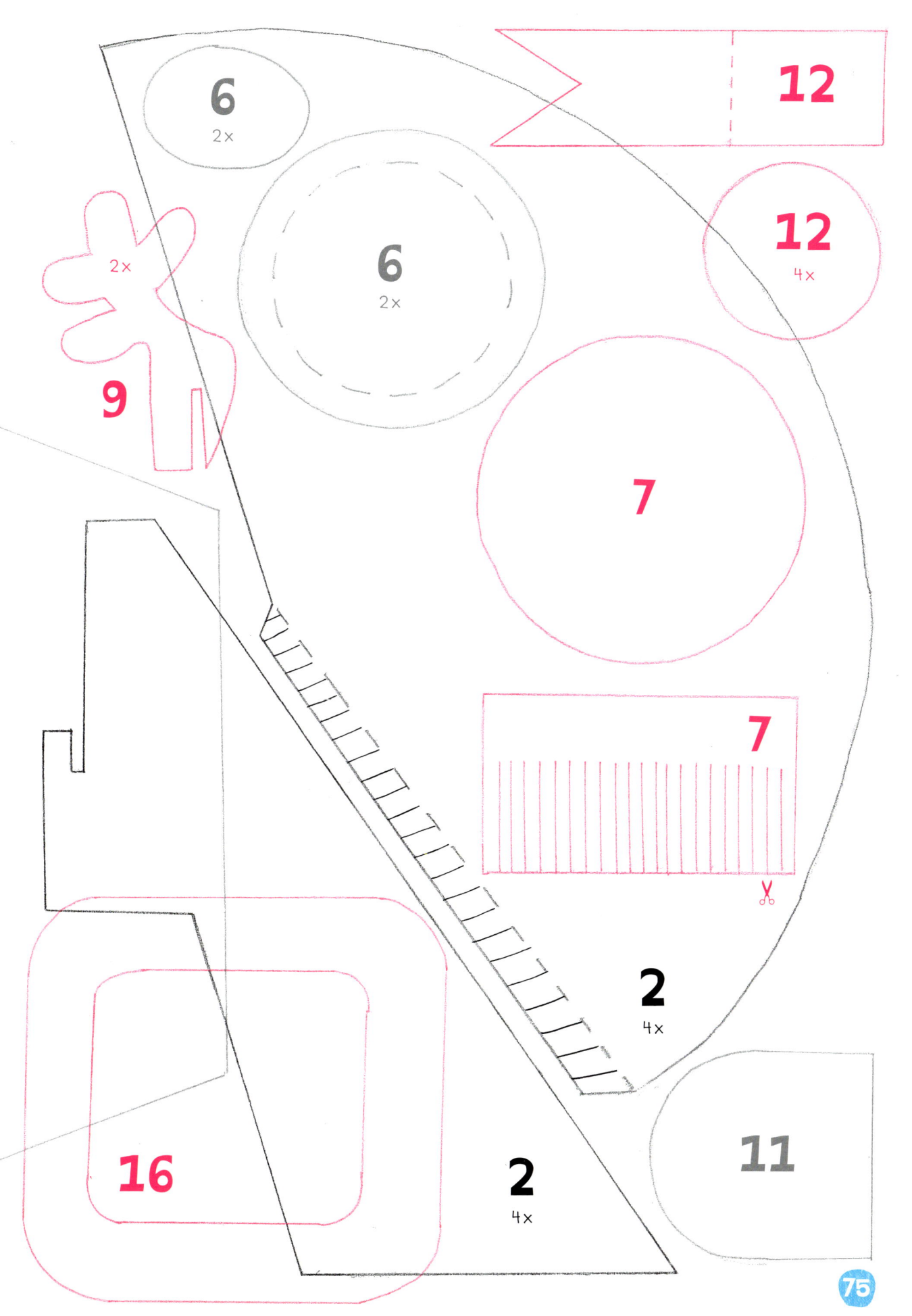

75

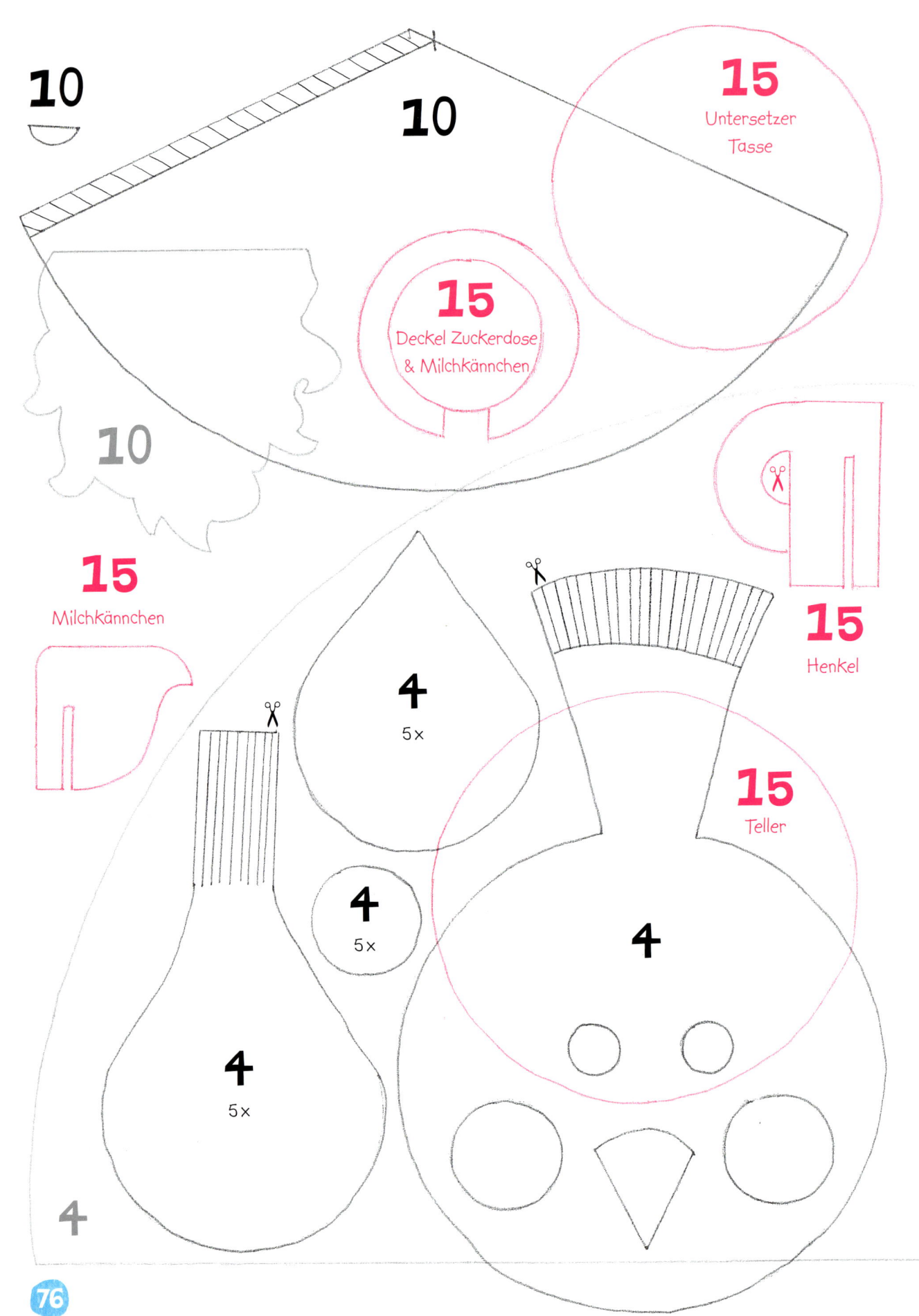

**10**

**10**

**15**
Untersetzer
Tasse

**15**
Deckel Zuckerdose
& Milchkännchen

**10**

**15**
Milchkännchen

**15**
Henkel

**4**
5x

**15**
Teller

**4**
5x

**4**
5x

**4**

**4**

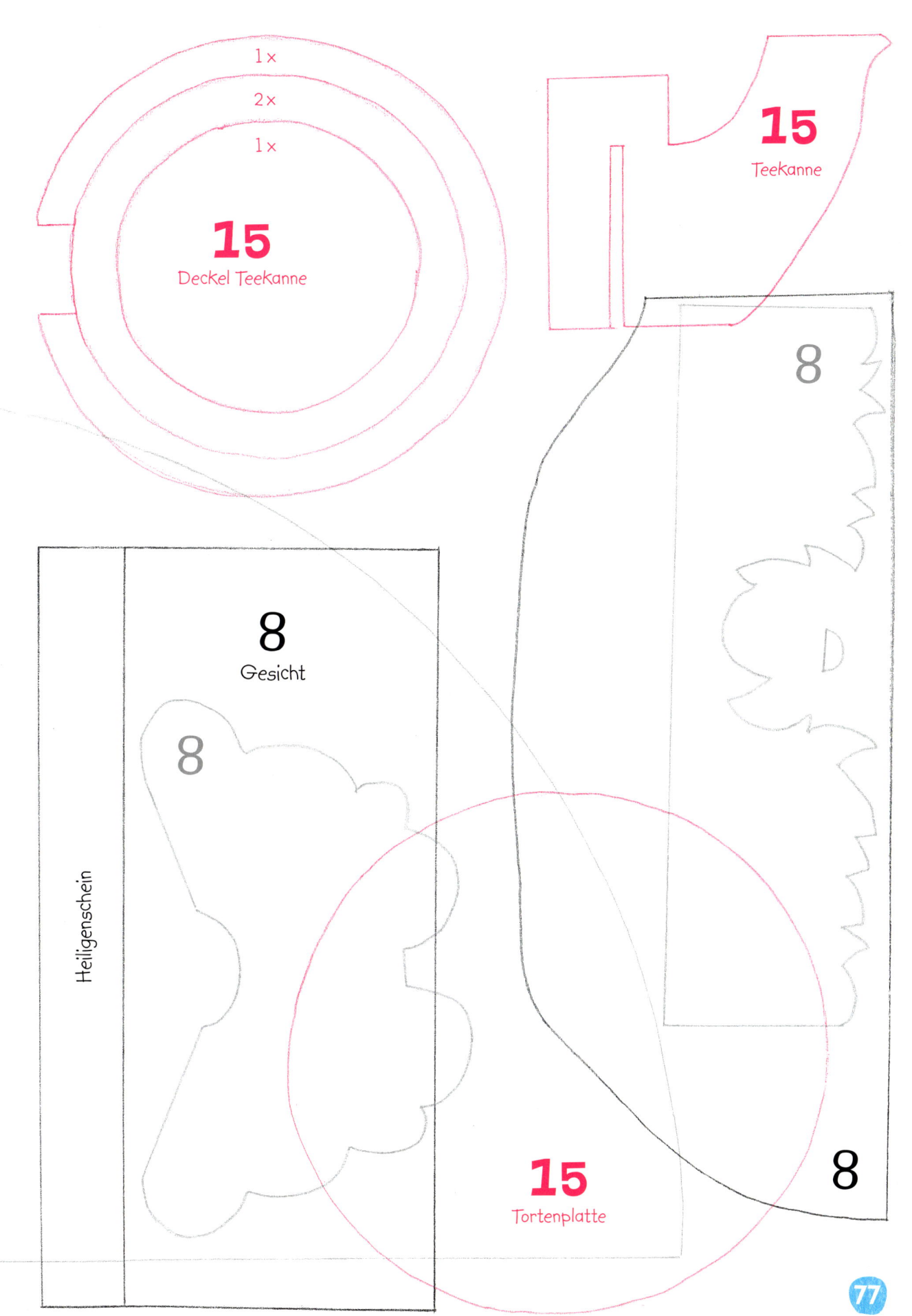

15
Teekanne

1x
2x
1x

15
Deckel Teekanne

8

8
Gesicht

8

Heiligenschein

15
Tortenplatte

8

# IMPRESSUM

Fotos und Styling: Anita Scheiner: S. 11–17, 18, 19, 20, 28–35, 46–57, 60, 66–69, 70, 72; Wladislaw Hofmann: 22, 24, 26, 36–45, 62–65

Arbeitsfotos: Anita Scheiner

Redaktion: Xenia Kuczera

Gesamtgestaltung und Satz: GrafikwerkFreiburg

Reproduktion: RTK & SRS mediagroup GmbH

Druck und Verarbeitung: Polygraf Print, Slowakei

ISBN 978-3-8388-3610-2

Art.-Nr. 3610

© 2016 Christophorus Verlag GmbH & Co. KG
Rheinfelden

Herstellerverzeichnis

- Rayher Hobby GmbH
- Folia, Max Bringmann KG
- Heyda, Baier & Schneider GmbH & Co. KG

## ☏ Kreativ-Service

Sie haben Fragen zu den Büchern und Materialien? Frau Erika Noll ist für Sie da und berät Sie rund um alle Kreativthemen. Rufen Sie an! Wir interessieren uns auch für Ihre eigenen Ideen und Anregungen. Sie erreichen Frau Noll per E-Mail: mail@kreativ-service.info oder Tel.: +49 (0) 5052 / 91 18 58

Besuchen Sie uns im Internet: www.christophorus-verlag.de